بِسْمِ اللهِ الرَّحْمٰنِ الرَّحِيْمِ

Im Namen Allahs, des Allerbarmers, des Barmherzigen

Dieses Buch ist ein besonderes Geschenk
für ein besonderes Kind von Allah .

Möge es dich Seiner Liebe,
Barmherzigkeit und Seinem Licht näherbringen

© 2025 The Sincere Seeker Collection
Alle Rechte vorbehalten.

Die Erlaubnis wird erteilt, dieses Buch für Bildungs- oder nicht-kommerzielle Zwecke zu nutzen, sofern keine Änderungen an seinem Text, seinen Illustrationen oder seinem Design vorgenommen werden.

# Den heiligen Koran kennen und lieben lernen

Ein Kinderbuch zur Einführung in den Heiligen Koran

The Sincere Seeker Collection

## Eine besondere Nacht in der Höhle

Der Prophet Muhammad ﷺ liebte es, in einer Höhle namens Hira still über das Leben nachzudenken.

Eines Nachts im Monat Ramadan, als er 40 Jahre alt war, geschah etwas Unglaubliches!

Ein Engel erschien und sagte: „Lies!"
Der Prophet ﷺ antwortete: „Ich kann nicht lesen."

Der Engel hielt ihn dreimal fest und sagte: „Lies!"
Dann übermittelte er die ersten Worte des Korans von Allah ﷻ.

Erschrocken lief der Prophet ﷺ nach Hause.
Seine Frau Khadijah beruhigte ihn und sagte:

Allah ﷻ wird dich beschützen.

Du hilfst anderen und bist immer freundlich."

Der Koran wurde danach langsam über 23 Jahre hinweg offenbart.

## Was ist der Koran?

Der Koran ist ein ganz besonderes
Buch von Allah ﷻ.

Er enthält Seine genauen Worte.

Er lehrt uns, wie wir Allah lieben,
Ihm näherkommen und den richtigen
Weg finden.

Er ist wie eine Schatzkarte,
die uns zur Jannah (Paradies) führt!

## Was der Koran lehrt

Der Koran zeigt uns, wie wir freundlich, ehrlich
und hilfsbereit sein sollen —
und wie wir Salah beten und halal essen,
was gut für uns ist.

Er sagt uns auch, was wir vermeiden sollen —
wie Lügen, Stehlen oder anderen weh zu tun.

Er ist wie eine Taschenlampe,
die uns hilft zu sehen,
was richtig ist und was falsch.

**Was der Koran möchte, dass wir glauben**

Es gibt nur einen Gott, und niemand ist wie Er.

Allah ﷻ erschuf besondere Helfer aus Licht,
die Engel genannt werden.

Allah ﷻ sandte Bücher wie den Koran,
um die Menschen zu leiten.

Allah ﷻ sandte viele Propheten,
um Seine Botschaft zu überbringen.

Eines Tages werden wir alle vor Allah ﷻ stehen,
um gerichtet zu werden.

Allah ﷻ weiß alles und plant alles.

Diese Glaubenssätze machen uns stark
und bringen uns Ihm näher.

## Handlungen der Anbetung im Koran

Es gibt viele Wege, Allah ﷻ zu dienen
und Ihm zu gefallen:

- Jeden Tag beten
- Den Bedürftigen geben
- Im Ramadan fasten
- Den Haddsch machen (wenn wir können)

Diese Taten bringen uns Allah ﷻ näher
und helfen uns, bessere Menschen zu werden.

**Allah liebt dich**

Allah ﷻ liebt dich mehr als jeder andere!

Er hat dir Familie, Freunde,
Essen und Freude geschenkt.

Er ist gütig, barmherzig und hört immer zu.

Auch wir lieben Ihn —
mit unseren Herzen und unseren Du'a.

## Gute Taten jeden Tag

Der Koran lehrt uns, gute Jungen und Mädchen zu sein, indem wir:

- Auf unsere Eltern hören
- Freundlich zu Geschwistern und Freunden sind
- Sanft mit Tieren und Pflanzen umgehen
- Ehrlich sind und andere niemals täuschen

Wenn wir Gutes tun, erfreuen wir Allah ﷻ und machen die Welt besser.

## Wir sind immer dankbar

Der Koran lehrt uns, „Alhamdulillah" zu sagen, um Allah ﷻ zu danken

für all die Geschenke, die Er uns gegeben hat — unser Zuhause, unsere Familie, unser Essen, unsere Kleidung, unsere Spielsachen
und vieles mehr!

## Sei geduldig und bescheiden

Sei geduldig, wenn Dinge schwierig sind,
wenn du warten musst oder
deine Spielsachen teilst.

Prahle nicht und glaube nicht,
dass du besser bist als andere.

Bleibe bescheiden,
und Allah ﷻ wird dein schönes Herz lieben.

**Sei stark gegen Shaytan und wähle das Richtige**

Der Koran lehrt uns, dass Shaytan unser Feind ist.

Er flüstert schlechte Ideen ein,
aber wir können „Nein!" sagen.

Lasst uns immer versuchen, das Richtige zu tun,
und Allah ﷻ um Hilfe bitten!

## Das letzte Buch von Allah

Allah ﷻ hat viele Bücher gesandt,
um die Menschen zu leiten —
und ihnen zu zeigen,
wie man betet und gut lebt.

Doch das letzte Buch ist der Koran —
Seine endgültige und vollkommene Führung.

Er ist für alle, jung und alt,
jetzt und für immer — auch für dich!

## Das Buch, das sich nie verändert hat

Der Koran hat 114 Kapitel, die Suren genannt werden, und über 6.000 Verse, die Ayat heißen — alle auf wunderschönem Arabisch.

Kein einziger Buchstabe hat sich seit seiner Offenbarung verändert.

Erwachsene und Kinder auf der ganzen Welt lesen jeden Tag denselben Koran.

Allah ﷻ hat versprochen, ihn zu bewahren — und Er hält immer Seine Versprechen!

## Ein Buch voller Wunder

Der Koran ist Allahs ﷻ größtes Wunder.

Er erzählt erstaunliche Wahrheiten
über Wissenschaft, Natur und das Leben —

Dinge, die die Menschen damals nicht wussten.

Er offenbart Geheimnisse,
die niemand vorher kannte.

Niemand kann jemals ein Buch
wie den Koran erschaffen.

## Ein Buch in unseren Herzen

Millionen von Menschen —
aus der ganzen Welt —
Kinder und Erwachsene —
haben den Koran auswendig gelernt.

Allah ﷻ hat ihn leicht gemacht
zu lernen und zu behalten.

Das bedeutet:
Auch du kannst ihn lernen —
einen Vers nach dem anderen!

## Wundervolle Geschichten aus dem Koran

Der Koran ist voller inspirierender Geschichten über Propheten und außergewöhnliche Ereignisse.

Geschichten von Adam, Nuh, Ibrahim,
Musa, Yusuf, Isa (PBUH).
und vielen anderen!

Jede Geschichte lehrt uns wichtige Lektionen —
zum Beispiel freundlich,
mutig und geduldig zu sein
und auf Allah ﷻ zu vertrauen.

## Lies den Koran jeden Tag

Lies ihn laut, mit einer schönen Stimme.
Das bringt dich näher zu Allah ﷻ.

Und weißt du was?
Für jeden Buchstaben, den du liest,
bekommst du 10 Belohnungen!

Das sind viele Segnungen —
nur für ein bisschen Lesen jeden Tag.

Lies also jeden Tag ein wenig —
mit Liebe und einem fröhlichen Herzen.

## Lass den Koran dein Wegweiser sein

Der Koran hilft uns jeden Tag —
wenn wir glücklich, traurig oder unsicher sind.

Er lehrt uns, freundlich, mutig,
ehrlich und dankbar zu sein.

Jedes Mal, wenn du:
Den Koran liest, ihn lernst, nach ihm lebst ...
kommst du Allah ﷻ näher.

# Das Ende

Möge diese Reise dich näher bringen zu Allahs ﷻ unendlicher Liebe und Weisheit.

www.ingramcontent.com/pod-product-compliance
Lightning Source LLC
Chambersburg PA
CBHW061106070526
44579CB00011B/152